ADOLF HITLERS DREI TESTAMENTE

Ein Zeitdokument

ADOLF HITLERS DREI TESTAMENTE

Ein Zeitdokument

Herausgegeben von Dr. phil. Gert Sudholt

DRUFFEL-VERLAG
LEONI AM STARNBERGER SEE

Schutzumschlag: Florian Urich

Internationale Standard Buchnummer
ISBN 3 8061 0790 4

INHALT

Vorwort

Die Handschrift ist ein wichtiger Schlüssel zur Erforschung des menschlichen Charakters. Das handgeschriebene Testament Hitlers ist aber nicht nur für Graphologen aufschlußreich, sondern ebenso für jeden historisch und politisch Interessierten.

Die Frage stellt sich, ob das Urteil der Schriftsachverständigen sich mit dem der Historiker und Politiker deckt. Doch sind historische Wertungen nicht immer identisch mit denen der Zeitgenossen. „Von der Parteien Gunst und Haß verwirrt, schwankt sein Charakterbild in der Geschichte", sagt Schiller über Wallenstein.

Ohne Zweifel hat Adolf Hitler als Parteiführer, Politiker, Staatsmann und Feldherr das Rad der Geschichte nachhaltig bewegt. In seine Zeit fällt der Aufbruch des deutschen Volkes nach der Katastrophe des Ersten Weltkrieges; Adolf Hitler „stellte Großdeutschland in die Geschichte", wie Arthur Seyss-Inquart als Angeklagter, den Tod vor Augen, vor dem Nürnberger Tribunal 1946 bekennend sagte.

Dieser Band mit seinen drei Testamenten soll freilich nicht über das Phänomen Adolf Hitler werten oder urteilen. Im Mittelpunkt stehen vielmehr jene Dokumente, die auf ihre Echtheit sorgfältig geprüft und von noch lebenden Augenzeugen bestätigt sind. Diese Schriftstücke sind nicht nur in ihrer historischen Bedeutung aufschluß- reich, sondern auch in ihrer subjektiven Aussagekraft für jene von Wert, die die Zeit des Dritten Reiches nicht miterlebt haben.

Zu danken haben Herausgeber und Verlag ehemaligen Mitarbeitern Adolf Hitlers und weiteren Zeitzeugen, die sich mit ihrem Rat zur

Verfügung stellten, und damit wesentlich zur Herausgabe dieses Bandes beitrugen.

Auch wenn heute, über drei Jahrzehnte nach dem Tode Adolf Hitlers, noch kein endgültiges Bild über diesen Mann gezeichnet werden kann, so wird sich dennoch der kritische Leser der geschichtlichen Bedeutung dieser seiner persönlichen Wünsche, seiner letzten Gedanken und Vorstellungen kaum entziehen können.

Zum persönlichen Testament Adolf Hitlers vom 2. Mai 1938

Das persönliche Testament Adolf Hitlers vom 2. Mai 1938 gibt wie nur wenige Dokumente aus jener Zeit so deutlich und umfänglich seine Handschrift wieder. Es handelt sich um fünf Seiten Text, der einen sehr energischen Ductus seines Verfassers aufzeigt.

Der Reichskanzler stand im Frühjahr 1938 auf dem Höhepunkt seines Ansehens in Deutschland. Die Erfolge seiner ersten fünf Regierungsjahre verschafften ihm eine Popularität, die nach dem Anschluß Österreichs einen nie wieder erreichten Gipfel erklomm. Dennoch war Hitlers Stimmung gerade Anfang Mai 1938 nach dem Urteil seiner Umgebung zeitweise ziemlich bedrückt.

Einer der Gründe – wahrscheinlich der Hauptgrund –, der Hitler im Mai 1938 veranlaßte, sein Testament zu machen, bestand in der Furcht, an Kehlkopfkrebs erkrankt zu sein, denn er war ständig heiser. Professor von Eycken stellte jedoch nur einen harmlosen Stimmbandknoten fest, der ohne Komplikation operativ entfernt werden konnte. Hitler durfte ein paar Tage nicht sprechen, dann aber war seine Stimme wieder völlig in Ordnung.

Der zweite Grund dürfte im außenpolitischen Bereich zu suchen sein. Nach dem Österreich-Anschluß war die Prager Regierung über die weitere politische Entwicklung besorgt und versuchte durch stärkste militärische Bündnisse mit Frankreich, England und der Sowjetunion eine Front gegen Deutschland aufzubauen. Diese Vorgänge blieben auch in Berlin nicht unbekannt und lösten in Hitler die berechtigte Vorstellung aus, daß das Deutsche Reich einer ernsthaften Bedrohung ausgesetzt werden könnte.

Er schrieb sein Privattestament an jenem Tag, an dem er die Fahrt nach Rom zum Besuch Mussolinis antrat (übrigens begleitet von nahezu 500 Diplomaten, Militärs, Parteiführern und Journalisten).

Es ist in diesem Zusammenhang auch schon die Ansicht geäußert worden, Hitler habe in Italien ein Attentat befürchtet und deshalb seine persönlichen Angelegenheiten regeln wollen. Er hat sich in diesem Sinne jedoch nie geäußert.

Die äußeren Umstände, unter denen Hitler sein Testament verfaßte, werden unterschiedlich geschildert. Die eine Version lautet, es sei in den frühen Morgenstunden des 2. Mai vor der Abfahrt nach Rom geschrieben worden. Die andere, Hitler habe im Zug mehrere Stunden damit verbracht, seinen privaten letzten Willen zu Papier zu bringen. Gewisse Undeutlichkeiten der Schrift sowie Tintenflecken scheinen darauf hinzuweisen.

Als die Sonderzüge am Brennerpaß eintrafen, die Nationalhymnen beider Länder erklangen und der Herzog von Pistoia im Namen des König Viktor Emmanuel ein „Hoch" auf die deutsch-italienische Freundschaft ausbrachte, soll Hitlers Sekretärin das soeben verfaßte Testament in ein großes hellbraunes Couvert gesteckt und versiegelt haben. Dem wird jedoch von Hitlers Sekretärin, die ihn im Sonderzug begleitete, widersprochen. Sie habe das Testament nicht gesehen und auch nicht versiegelt.

Scherzend, im kleinen Kreis, hat Hitler später einmal davon gesprochen, welche Mühe es ihm bereitet habe, seinen letzten Willen schriftlich aufzeichnen zu müssen, was das Gesetz vom Erblasser verlange, wenn nicht der Weg der notariellen Beurkundung gewählt werde – er hätte das Schreiben, wie er zu seinem großen Schrecken wahrnahm, beinahe verlernt gehabt.

Zu Händen der Minister Lammers

Mein persönliches Testament.

Es ist sofort nach meinem Tode im
Beisein der Reichsschatzmeisters der
Partei zu eröffnen. Die Pg. Bormann und
Schaub sind unmittelbar zu verständigen!

Mein Testament.

Für den Fall meines Todes verfüge ich:

1.) Mein Leichnam Rück nach München und dort in der Feldherrnhalle aufgebahrt und im echten Tempel der ewigen Wache beigesetzt. (also der Tempel neben dem Führerbau) Mein Sarg hat den der übrigen zu gleichen.

2.) Mein gesamtes Vermögen vermache ich der Partei. Die mit der Partei vorher abgeschlossenen Verträge werden dadurch nicht berührt. Über die noch vorhandenen oder künftigen Einnahmen aus meinen Werken verfügt die Partei.

3.) Die Partei muß dafür folgende Beträge jährlich zur Auszahlung bringen:

a.) An Fräulein Eva Braun – München
auf Lebenszeit monatlich 1000 Mark
(eintausend Mark) also jährlich 12 000 Mark

b.) An meine Schwester Angela – Dresden
auf Lebenszeit monatlich 1000 Mark
(eintausend Mark) also jährlich 12.000 Mark
Sie hat davon ihre Tochter Insel zu unterstützen

c.) An meine Schwester Paula – Wien
auf Lebenszeit monatlich 1000 Mark
(eintausend Mark) also jährlich 12.000 Mark.

d.) An meinen Stiefbruder Alois Hitler
einen einmaligen Betrag von 60.000 Mark
(sechzigtausend Mark).

e.) An meine Haushälterin Frau Winter
München auf Lebenszeit monatlich
150 Mark (einhundertfünfzig Mark)

f.) An meinen alten Julius Schaub
den einmaligen Betrag von 10.000 Mark

und auf Lebenszeit eine monatliche
Rente von 500 Mark (fünfhundert
Mark).

g.) Für meinen Diener Krause eine
Rente von monatlich 100 Mark
(einhundert Mark) auf Lebenszeit.

h.) Für die Diener Lange und Jäger
einmalig je 3000 (dreitausend) Mark

i.) Für meine Verwandten in Spital
Niederösterreich den einmaligen Betrag
von 30.000 Mark (dreißig tausend Mark)
die Verteilung dieses Betrages bestimmt
meine Schwester Pauline Stüler in Wien.

— — — — — — — — —

4.) Die Einrichtung der Zimmer
in meiner Münchener Wohnung
in den nächst meiner Nichte Geli Raubal

möchte ich meiner Schwester Angela
zu übergeben.

5.) Meine Bücher und Briefschaften
sind von Pg. Julius Schaub zu
sichten und soweit sie persönlich
privater Art sind entweder zu vernichten
oder meiner Schwester Paula zu
übergeben. Pg. Julius Schaub
hat darüber <u>allein</u> zu entscheiden.

6.) Meine sonstigen Wertsachen, mein
Haus auf dem Obersalzberg, meine
Möbel, Kunstwerke, Bilder, u.s.w.
gehen in den Eigentum der Partei
über. Sie sind vom Reichsschatzmeister
zu verwalten.

Soweit sich diese Gegenstände
in meiner Berliner Wohnung in
der Reichskanzlei befinden, sind
sie vom Pg. Schaub festzustellen.

7.) Der Reichsschatzmeister ist berechtigt kleinere Gegenstände als Andenken zur Erinnerung an ihren Bruder meinen beiden Schwestern Angela und Paula zu überlassen.

8.) Ich erwarte dass die Partei für meinen Adjutanten Brückner und für den Adjutanten Wünsche auf Lebenszeit würdig sorgt.

Ebenso für Herrn und Frau Kannenberg.

9.) Zum Vollstrecker dieses Testamentes bestimme ich den Pg. Franz X. Schwarz als den Reichsschatzmeister. Im Falle seines Ablebens oder seiner Verhinderung den Pg. Reichsleiter Martin Bormann.

Berlin den 2. Mai 1938

Beischreiben
zu Händen des Ministers Lammers

Mein persönliches Testament
Es ist sofort nach meinem Tode im Beisein des Reichsschatzmeisters
der Partei zu eröffnen. Die PG. Bormann und Schaub sind unmittelbar
zu verständigen.

Mein Testament

Für den Fall meines Todes verfüge ich:
1. Mein Leichnam kommt nach München, wird dort in der Feldherrnhalle aufgebahrt und im rechten Tempel der Ewigen Wache beigesetzt.
(Also der Tempel neben dem Führerbau.) Mein Sarg hat dem der
übrigen zu gleichen.

2. Mein gesamtes Vermögen vermache ich der Partei. Die mit dem
Partei-Verlage abgeschlossenen Verträge werden dadurch nicht berührt.
Über die noch vorhandenen oder künftigen Einnahmen aus meinen
Werken verfügt die Partei.

3. Die Partei muß dafür folgende Beträge jährlich zur Auszahlung
bringen:

a) An Fräulein Eva Braun – München auf Lebenszeit monatlich
1.000,– (eintausend Mark) also jährlich 12.000,– Mark.

b) An meine Schwester Angela – Dresden auf Lebenszeit monatlich
1.000,– (eintausend Mark) also jährlich 12.000,– Mark. Sie hat davon
ihre Tochter Friedl zu unterstützen.

c) An meine Schwester Paula – Wien auf Lebenszeit monatlich 1.000,– (eintausend Mark) also jährlich 12.000,– Mark.

d) An meinen Stiefbruder Alois Hitler einen einmaligen Betrag von 60.000,– Mark (sechzigtausend Mark).

e) An meine Haushälterin Frau Winter – München auf Lebenszeit monatlich 150,– Mark (einhundertfünfzig Mark).

f) An meinen alten Julius Schaub den einmaligen Betrag von 10.000,– Mark und auf Lebenszeit eine monatliche Rente von 500,– Mark (fünfhundert Mark).

g) Für meinen Diener Krause eine Rente von monatlich 100,– Mark (einhundert Mark) auf Lebenszeit.

h) Für die Diener Linge und Junge einmalig je 3.000,– Mark (dreitausend Mark).

i) Für meine Verwandten in Spital – Niederösterreich den einmaligen Betrag von 30.000,– Mark (dreißigtausend Mark). Die Verteilung dieses Betrages bestimmt meine Schwester Paula Hitler in Wien.

---

4. Die Einrichtung des Zimmers in meiner Münchner Wohnung, in dem einst meine Nichte Geli Raubal wohnte, ist meiner Schwester Angela zu übergeben.

5. Meine Bücher und Briefschaften sind von PG. Julius Schaub zu sichten und soweit sie persönlich privater Art sind entweder zu vernichten oder meiner Schwester Paula zu übergeben. PG. Julius Schaub hat darüber *allein* zu entscheiden.

6. Meine sonstigen Wertsachen, mein Haus auf dem Obersalzberg, meine Möbel, Kunstwerke, Bilder usw. gehen in das Eigentum der Partei über. Sie sind vom Reichsschatzmeister zu verwalten.
Soweit sich diese Gegenstände in meiner Berliner Wohnung in der Reichskanzlei befinden, sind sie von PG. Schaub festzustellen.

7. Der Reichsschatzmeister ist berechtigt, kleinere Gegenstände als Andenken zur Erinnerung an ihren Bruder meinen beiden Schwestern Angela und Paula zu überlassen.

8. Ich erwarte, daß die Partei für meinen Adjutanten Brückner und für den Adjutanten Wiedemann auf Lebenszeit würdig sorgt. Ebenso für Herrn und Frau Kannenberg.

9. Zum Vollstrecker dieses Testamentes bestimme ich den PG. Franz X. Schwarz als den Reichsschatzmeister. Im Falle seines Ablebens oder seiner Verhinderung den PG. Reichsleiter Martin Bormann.

Berlin, den 2. Mai 1938

Adolf Hitler

Die im Testament vom 2. Mai 1938 bedachten Personen

Hitlers Lebensstil hatte Züge von Askese. Er rauchte nicht, trank keinen Alkohol und aß fast ausschließlich vegetarisch. Sein Reichskanzlergehalt war minimal: 1 000 Reichsmark. Dagegen war sein Einkommen aus schriftstellerischer Tätigkeit sehr hoch. Die großen Auflagen von „Mein Kampf" brachten ein Millionenvermögen, das Adolf Hitler zum Ausbau seines Besitzes auf dem Obersalzberg verwandte, zum Teil für Theaterbau-Projekte stiftete. Mit hohen Summen unterstützte er Künstler, vor allem Maler, sofern er ihre Arbeit schätzte. Mit der Zeit legte er beträchtliche Summen in Gemälden an, die bei Ausstellungen im Münchner „Haus der Deutschen Kunst" oder da und dort unter der Hand erworben worden waren.

In seinem Testament wollte Hitler vor allem seine Verwandten und die Getreuen der nächsten Umgebung bedenken. Dabei stand ihm schon damals Eva Braun, von deren Existenz die Öffentlichkeit überhaupt keine Ahnung hatte, am nächsten. Sie wird als erste genannt. Auch seine Lieblingsnichte Geli Raubal, deren Selbstmord ihn viele Monate bedrückte, wird letztwillig erwähnt: Die Einrichtung ihres Zimmers in seiner Münchner Wohnung, das bis zum Ende des Dritten Reiches völlig unangetastet blieb, sollte seiner Schwester Angela übergeben werden.

Schwester Angela und deren Tochter Friedl, Schwester Paula, Stiefbruder Alois sind namentlich aufgeführt, ohne Namensnennung Verwandte aus Spital. An sie sollte Schwester Paula 30 000 Mark verteilen. Seinem Stiefbruder Alois vermachte er 60 000 Mark, mit denen er offenbar seine Existenz verbessern sollte. Dieser Stiefbruder war wohl ein

Problemfall, denn kaum hatte Hitler sein Testament geschrieben, ließ sich Alois in Berlin nieder und gründete am Wittenbergplatz die Gaststätte „Bei Alois, Inh. Alois Hitler".

Einigen Raum nehmen Haushälterin Frau Winter, Adjutant Schaub und die Diener Krause, Linge und Junge im Testament ein. Schaub sollte im Falle des Ablebens Bücher und Briefschaften sichten und entweder vernichten oder Schwester Paula übergeben.

Unvermittelt tauchen unter Punkt 8 des Testaments „Herr und Frau Kannenberg" auf. Es gibt nur wenige, die von diesem Ehepaar gehört haben, und der Werdegang der Kannenbergs ist nicht frei von Originalität.

EVA BRAUN

Tochter eines Münchner Gewerbelehrers, im Institut der Englischen Fräulein erzogen, war sie nach Abschluß einer kaufmännischen Lehre im Fotogeschäft Heinrich Hoffmanns tätig. Hier lernte sie 1929 Hitler kennen, der damals schon ein Mann war, dessen Name dauernd durch die Presse ging, der einen großen Mercedes besaß, einen Chauffeur hatte und dem ihr Chef eine große Zukunft voraussagte.

Eva Braun, blutjung, von anmutiger Figur, blond, blauäugig, war trotz ihrer mädchenhaften Zartheit von großer Energie und Willenskraft. Ungemein sportlich, konnte sie sehr konsequent sein, wenn es darum ging, ihren Willen durchzusetzen. Sie scheute selbst vor dem Gedanken an Selbstmord nicht zurück, falls Hitler ihr nicht treu sein sollte. Der war war zwar der Ansicht, daß er ihr keinen Anlaß für eine solche Tat gegeben habe. Der Gedanke an die Möglichkeit jedoch, daß noch einmal der Freitod eines jungen Mädchens Schatten auf

ihn werfen könnte (im September 1931 hatte seine bei ihm wohnende Lieblingsnichte Geli Raubal Selbstmord begangen) – war ihm allein schon im Hinblick auf seine politische Rolle unerträglich und beunruhigte ihn sehr. Deshalb begann er von nun an, Eva Braun mit in sein Leben einzubeziehen. Er mietete zunächst für sie eine Wohnung in München in der Widenmayerstraße und schenkte ihr ein paar Jahre später ein kleines Haus mit Garten in der Wasserburger Straße 12. Nachdem er sich im Herbst 1934 von Frau Raubal, die ihm am Obersalzberg seinen Haushalt führte, getrennt hatte, festigte sich ihre Stellung immer mehr, was besonders im Berghof sichtbar war, wenngleich sie bei offiziellen Anlässen nicht in Erscheinung treten durfte.

Entgegen Hitlers Willen kam sie kurz vor Kriegsende nach Berlin und blieb bei ihm im Bunker. Hitler belohnte ihre Treue damit, daß er sich in der Nacht vom 28. zum 29. 4. 1945 mit ihr trauen ließ. Eva motivierte ihren Entschluß, bei Hitler zu bleiben, mit den Worten: „Alles Schöne in meinem Leben habe ich Hitler zu verdanken. Und deshalb bleibe ich jetzt bei ihm!"

ANGELA RAUBAL

Hitlers Stiefschwester – war verwitwet und sechs Jahre älter als er. Ihrer Ehe mit einem Finanzbeamten entstammten drei Kinder: Friedl und Geli, sowie ein Sohn, der Lehrer in Linz war.

Mitte der zwanziger Jahre ließ Hitler Frau Raubal und etwas später auch ihre Tochter Geli zu sich aus Wien kommen.

Frau Raubal führte ihm im Haus Wachenfeld auf dem Obersalzberg den Haushalt in vorbildlicher Weise. Sie war eine äußerst resolute und energische Person, ihre Wiener Küche hervorragend.

Im September 1931 war ihre Tochter Geli freiwillig aus dem Leben geschieden. Im Sommer 1932 hatte Eva Braun nach ihrem ersten Selbstmordversuch in Hitler die Gewißheit zu erwecken verstanden, daß es aus Liebe zu ihm geschehen sei. Von diesem Zeitpunkt ab war sie hin und wieder Gast am Obersalzberg, wohnte aber zunächst nicht im Haus Wachenfeld, da Frau Raubal eine sehr spürbare Antipathie gegen sie an den Tag legte.

Zum Eklat kam es, als nach dem Parteitag 1934 nicht nur Frau Raubal, sondern auch einige andere Damen aus Hitlers Umgebung sich bemüßigt fühlten, Hitler gegenüber Kritik an Evas angeblich auffallend gewesenem Gebaren zu üben. Aber wenn sie gedacht hatten, daß Hitler sie nun fallen lassen würde, waren sie einem Trugschluß erlegen: Frau Raubal mußte im Herbst 1934 Haus Wachenfeld verlassen, und die anderen Damen blieben eine lange Zeit in Ungnade.

Frau Raubal heiratete einige Jahre später noch einmal, und zwar einen Architekten in Dresden. Ihren Bruder sah sie nur noch selten.

GELI RAUBAL

Hitlers Lieblingsnichte war die Tochter seiner Halbschwester Angela. Sie war in den 20er Jahren nach München gekommen, um Gesang zu studieren. Seit 1929 wohnte sie bei ihrem Onkel am Prinzregentenplatz 16, der sich des hübschen, lebenslustigen Mädchens in fürsorglicher Weise annahm. Er verwöhnte sie sehr und tat ihr alles zuliebe.

Geli schmeichelte es einerseits, daß der berühmte Onkel ihr so zugetan war, andererseits litt sie aber darunter, daß er all' ihre Schritte kontrollierte und sie eifersüchtig von ihren Verehrern fernhielt.

Als sie einen Kunstmaler in Linz heiraten wollte, veranlaßte Hitler Gelis Mutter, den beiden Liebenden ein Jahr der Trennung zur Prüfung aufzuerlegen. In einem Brief des Malers hieß es u.a.: „... Ich kann mir die Handlungsweise Deines Onkels nur aus egoistischen Beweggründen Dir gegenüber erklären. Er will ganz einfach, daß Du eines Tages keinem anderen gehören sollst als ihm." Und an anderer Stelle: „... wie wenig kennt er Deine Seele." Und damit hatte er vielleicht recht. Jedenfalls eines Tages ertrug Geli den Zwang vermutlich nicht mehr und erschoß sich nach einem tags zuvor ausgebrochenen Streit. Sie benützte dabei eine ihrem Onkel gehörende Pistole.

Nach Gelis Tod war Hitler völlig verwandelt; seine Umgebung befürchtete, daß auch er seinem Leben ein Ende setzen würde. Heinrich Hoffmann nahm sich seiner besonders an, und es gelang ihm auch im Laufe der nächsten Monate, Hitler seiner selbst gewählten Einsamkeit zu entreißen. – Die Erinnerung an Geli blieb jedoch immer lebendig. So durfte an Gelis Zimmern weder in München noch im Berghof auch nur das geringste verändert werden. Die Zimmer blieben stets verschlossen. Erst bei Kriegsende beauftragte Hitler seinen Vertrauten Schaub mit der Vernichtung von Gelis persönlichem Besitz, so auch der an sie gerichteten Briefe ihrer Verehrer.

HITLERS FAMILIE

Seine Schwester P a u l a, ein paar Jahre jünger als er, war ein stilles, verschlossenes Kind. Schon in jungen Jahren machte sich Hitler nicht viel aus dieser Schwester. Es mochte wohl vor allem am Altersunterschied liegen, daß er sie aus seinem Erlebnisbereich ausschloß. Paula lebte bis Kriegsende in Wien und dann bis zu ihrem Tode in Berchtesgaden. In einem ihrer Briefe vom 29. 8. 1956 heißt es: „... und

hinausgewachsen über Wien bin ich erst, und das im wahrsten Sinne des Wortes, nach Kriegsende." In einem anderen Brief vom 7. Februar 1957 schrieb sie: „Ich mußte meiner Stiefschwester, die viel älter und energischer war als ich, überall den Vorrang lassen, obwohl mein Bruder Adolf und ich die gleichen Eltern gehabt haben, aber es war für mich klar, wir konnten der Welt nicht das Schauspiel liefern, daß wir uns streiten um das Recht auf den Bruder. Ich blieb daher in Wien, und meine Stiefschwester Angela führte am Obersalzberg meinem Bruder den Haushalt. Im Herbst 1934 war diese Aera zu Ende. Er wollte nach jeder Richtung hin frei und ungebunden sein. Nach jeder Richtung in privater Beziehung." Und in einem weiteren Brief vom 5. 2. 1957 führte sie aus: „Wir Schwestern waren in seinen Augen viel zu eifersüchtig auf den Bruder, er wollte lieber fremde Menschen um sich haben, die er bezahlen konnte für ihre Dienstleistungen . . ."

A l o i s, Hitlers sieben Jahre älterer Halbbruder, hat in seinem Leben nie eine besondere Rolle gespielt.

Der ersten Ehe dieses Halbbruders entstammte aus der Heirat mit einer Irländerin ein Sohn: William Patrick Hitler, der 1939 im Gespräch war, weil er ein Buch: „Mon oncle Adolphe" herausgebracht hatte. Der zweite Sohn fiel im Osten als Offizier.

Über den Stiefbruder Alois, der bis gegen Ende des Krieges am Wittenbergplatz in Berlin ein Restaurant betrieb, wurde in Hitlers Gegenwart genau so wenig gesprochen (d. h. überhaupt nicht) wie über die Verwandtschaft in Spital.

ANNI WINTER

Als Hitler 1929 in München die Neunzimmerwohnung am Prinzregentenplatz 16 bezog – in unmittelbarer Nähe befand sich das
Prinregententheater, Münchens Wagner-Festspielhaus –, engagierte er
als Haushälterin Frau Anni Winter, eine gebürtige Niederbayerin
bäuerlicher Herkunft, die als Zofe bei Gräfin Törring tätig gewesen
war. Ihr Mann, ein ehemaliger Unteroffizier, spielte im Haushalt
Hitlers keine besondere Rolle.

Dank ihrer guten Ausbildung war Frau Winter eine ideale Wirt-
schafterin für Hitler. Ungemein schnell und beweglich hielt sie nicht
nur seine Wohnung immer in gepflegtem Zustand, sondern kochte
auch für ihn, wenn er in München weilte und ausnahmsweise einmal
keine Lust verspürte, in der „Osteria Bavaria" – dem von ihm bevorzugten Lokal in Schwabing – zu speisen. Darüber hinaus war sie diskret
und verschwiegen und genoß so Hitlers Vertrauen.

JULIUS SCHAUB

Dieser typische Bayer war seit 1925 Hitlers Begleiter. Er dürfte der
einzige Mensch gewesen sein, der über alle intimen und persönlichen
Angelegenheiten Hitlers wirklich orientiert war. Optisch machte er
keine besonders gute Figur. Da ihm im Ersten Weltkrieg einige Zehen
erfroren waren, hatte er einen etwas humpelnden Gang. In diesem
Zusammenhang auftretende Schmerzen waren vielleicht die Ursache
dafür, daß er fast dauernd „grantelte". Immer mißtrauisch die Ohren
gespitzt und darauf aus, alles, was ihm nicht genehm war, zu boy-
kottieren, hielt sich seine Beliebtheit in Grenzen.

Er war früh zur Partei gekommen und saß nach dem mißglückten Aufstand vom 9. November 1923 sieben Monate zusammen mit Hitler auf der Festung Landsberg. Silvester 1924 freigelassen, wurde er ab 1925 Hitlers persönlicher und ständiger Begleiter auf Reisen und bei allen Veranstaltungen. Er war Hitler so treu ergeben, daß er ihm zuliebe sogar das Rauchen aufgab.

Als Hitler nach der Machtübernahme einen qualifizierten Kammerdiener benötigte, blieben Schaub jedoch weiterhin alle anderen vertraulichen Dinge vorbehalten. So hielt er z. B. alle Geheimakten unter Verschluß, führte Geburtstagskalender sowie Geschenklisten für Weihnachten und hatte immer reichlich Bargeld zur Verfügung, da Hitler selbst mit Geld nicht in Berührung kommen mochte. Weiterhin oblag es Schaub, bei Programmwechsel die Varietés und Theater zu besuchen, um Hitler zu berichten, ob sich ein Besuch lohnen würde.

Nach Brückners Weggang genoß Schaub den Titel „Persönlicher Adjutant" im Range eines SS-Obergruppenführers. Diese Position brachte ihn aber auch in Situationen, denen er nicht immer gewachsen war. Das tat jedoch Hitlers Zuneigung keinen Abbruch. – Im April 1945 beauftragte er Schaub mit der Vernichtung aller Geheimakten.

DIE DIENER

Nach der Machtübernahme wurde für Hitler ein fachlich ausgebildeter Kammerdiener notwendig, den er in Karl Krause fand. Dieser wurde nach einigen Jahren durch Heinz Linge und Hans Junge abgelöst, denen noch Ordonnanzen beigeordnet waren.

Hitlers Diener und Ordonnanzen gingen aus der „Leibstandarte Adolf Hitler" hervor, wo sie von Sepp Dietrich, dem Kommandeur der

Leibstandarte, persönlich für den Dienst bei Hitler ausgewählt worden waren. Sie mußten gut aussehen, gewandt und intelligent sein. Aus den ihm Vorgestellten suchte sich Hitler denjenigen aus, der ihm am sympathischsten war. Darauf kam der Betreffende für ein paar Monate auf die Dienerschule nach Pasing bei München, wo er zu einem perfekten Kammerdiener ausgebildet wurde.

WILHELM BRÜCKNER

Im Jahre 1930 wurde Wilhelm Brückner von Hitler zu seinem Persönlichen Adjutanten ernannt. Er war gebürtig aus Baden-Baden, sein Vater stammte aus Schlesien, die Mutter aus thüringischem Adel.

Brückner war nicht nur einer der am besten aussehenden Männer in Hitlers Umgebung, sondern auch von gewinnendem Wesen: liebenswürdig und gewandt.

Im Ersten Weltkrieg war er zum Oberleutnant avanciert. Von Beruf Ingenieur, studierte er ab 1919 Volkswirtschaft und war anschließend drei Jahre lang als Ingenieur der Aufnahmetechnik beim Film tätig. 1922 der Partei beigetreten, führte er 1923 das „Regiment München". Im Zusammenhang damit war er zweimal für mehrere Monate inhaftiert.

Nach der Machtübernahme 1933 kam zu den bisherigen Pflichten des Persönlichen Adjutanten noch eine Anzahl neuer Aufgaben hinzu. Eine ganz besonders wichtige war, all jene Menschen zu empfangen, die Bitten, Beschwerden, Anregungen und Vorschläge an Hitler persönlich herantragen wollten. Brückner hatte für alle ein offenes Ohr und half – soweit möglich auch in finanzieller Hinsicht – sofort in unbürokratischer Weise.

Mehr als ein Jahrzehnt hatte er Tag und Nacht, auch in schweren Zeiten, an Hitlers Seite gestanden. Es traf ihn deshalb hart, als Hitler ihn 1939 als Persönlichen Adjutanten entließ. Im besetzten Frankreich übernahm er den Posten eines Stadtkommandanten.

Von Hitler wurde Brückner immer als „Ultra-Optimist" bezeichnet.

FRITZ WIEDEMANN

Im Gegensatz zu der positiven Charakterisierung für Brückner erfand Hitler dann später für seinen Adjutanten Fritz Wiedemann die Bezeichnung „Ultra-Pessimist".

Als Regiments-Adjutant des 16. Bayer. Res.Inf.Regt., des Regiments List – in dem Hitler als Meldegänger gedient hatte – war Wiedemann Hitlers unmittelbarer Vorgesetzter gewesen. Als er im Dezember 1933 zufällig wieder mit Hitler zusammentraf und ihm auf dessen Frage nach seinem Ergehen wahrheitsgemäß antwortete: „Schlecht!", fragte ihn Hitler, ob er als sein Adjutant zu ihm kommen wolle. Wiedemann, der durch die Beteiligung an einer Molkerei finanziell in Schwierigkeiten geraten war, sagte spontan zu.

Nach elfmonatiger Einarbeitung im Stabe des Stellvertreters des Führers in München, trat Wiedemann am 1. Januar 1935 seinen Posten als Adjutant bei Hitler in der Reichskanzlei an. Ihm oblagen hier die gleichen Aufgaben wie Brückner. Darüberhinaus flog er einige Male in die USA und sehr häufig nach England. Diese Reisen und seine politischen Gespräche bewirkten wohl, daß Hitler ihm gegenüber, wie er Hitler gegenüber, immer kritischer wurde.

Im Jahre 1939 sagte ihm Hitler denn auch, daß er Menschen, die mit seiner Politik nicht einverstanden wären, in seiner nächsten Umgebung nicht gebrauchen könne. Aus diesem Grunde ernannte er Wiedemann zum Generalkonsul in San Francisco. 1941 kam Wiedemann nach Deutschland zurück, wurde jedoch bereits nach kurzer Zeit als Generalkonsul nach Tientsin geschickt. Aus China holten ihn 1945 die Amerikaner als Zeugen nach Nürnberg.

ARTHUR KANNENBERG,

der aus einer renommierten Gastronomenfamilie stammte, unterhielt 1931 ein kleines Speiselokal in der Nähe des Anhalter Bahnhofs in Berlin. Wahrscheinlich war es Dr. Goebbels, der Hitler auf dieses Lokal aufmerksam machte. Jedenfalls kehrte Hitler mit seiner Begleitung – mit dem D-Zug von München am Anhalter Bahnhof ankommend – zu dieser Zeit gerne in Kannenbergs Speiselokal ein und labte sich dort an den hervorragenden Gemüse- und Salatplatten, die da Spezialität waren. Kannenberg war aber nicht nur ein hervorragender Gastronom, sondern auch ein exzellenter Alleinunterhalter – er sang und begleitete sich dabei auf dem Akkordeon – außerdem war er mit dem sprich-wörtlichen Berliner Witz gesegnet. Jedenfalls amüsierte sich Hitler aufs beste über seine volksliedhaften Vorträge und Clownerien; er errang sich dessen Sympathie, so daß Hitler ihn Anfang 1932 mit der Leitung der Kantine in dem zum „Braunen Haus" in München an der Brienner Straße 45 umgebauten Palais Barlow betraute. Nach der Macht-übernahme holte Hitler Kannenberg und dessen Frau Freda nach Berlin in die Alte Reichskanzlei, das sog. Radziwill-Palais, wo er als Haus-intendant eine beachtliche Position innehatte.

Nach 1945 war Kannenberg in Düsseldorf tätig, zuletzt besaß er die „Schneider-Wibbel-Stuben" und erfreute sich auch dort großer Beliebtheit.

ADOLF HITLER

Mein privates Testament.
_____

Da ich in den Jahren des Kampfes
glaubte, es nicht verantworten zu können, eine
Ehe zu gründen, habe ich mich nunmehr vor Beendigung dieser irdischen Laufbahn entschlossen, jenes Mädchen zur Frau zu nehmen, das
nach langen Jahren treuer Freundschaft aus
freiem Willen in die schon fast belagerte Stadt
hereinkam, um ihr Schicksal mit dem meinen zu
teilen. Sie geht auf ihren Wunsch als meine
Gattin mit mir in den Tod. Er wird uns das er-
setzen, was meine Arbeit im Dienst meines Volkes
uns beiden raubte.

Was ich besitze, gehört - soweit es
überhaupt von Wert ist - der Partei. Sollte
diese nicht mehr existieren, dem Staat, sollte

auch der Staat vernichtet werden, ist eine weitere
Entscheidung von mir nicht mehr notwendig.

Ich habe meine Gemälde in den von mir im
Laufe der Jahre angekauften Sammlungen niemals
für private Zwecke, sondern stets nur für den
Ausbau einer Galerie in meiner Heimatstadt Linz
a.d.Donau gesammelt.

Dass dieses Vermächtnis vollzogen wird,
wäre mein herzlichster Wunsch.

Zum Testamentsvollstrecker ernenne ich
meinen treuesten Parteigenossen

Martin B o r m a n n .

Er ist berechtigt, alle Entscheidungen endgültig
und rechtsgültig zu treffen. Es ist ihm gestattet,
alles das, was persönlichen Erinnerungswert besitzt,
oder zur Erhaltung eines kleinen bürgerlichen Lebens
notwendig ist, meinen Geschwistern abzutreten,
ebenso vor allem der Mutter meiner Frau und meinen,
ihm genau bekannten treuen Mitarbeitern und Mit-

arbeiterinnen, an der Spitze meinen alten Sekre-
tären, Sekretärinnen, Frau Winter, usw., die mich
jahrelang durch ihre Arbeit unterstützten.

Ich selbst und meine Gattin wählen, um
der Schande des Absetzens oder der Kapitulation
zu entgehen, den Tod. Es ist unser Wille, sofort
an der Stelle verbrannt zu werden, an der ich
den grössten Teil meiner täglichen Arbeit im
Laufe eines zwölfjährigen Dienstes an meinem
Volke geleistet habe.

Gegeben zu Berlin, den 29. April 1945, 4.00 Uhr

als Zeugen: als Zeuge

Martin   Nicolaus von Below

B. Goebbels

Zu Adolf Hitlers privatem Testament
vom 29. April 1945

Im privaten Testament vom 29. April 1945 ist in den Kreis zu Beden-
kender als Hitlers „Heimatstadt" Linz an der Donau aufgenommen.

Was im einzelnen Linz zugedacht war, wird sich schwer mehr ermitteln
lassen, weil die Professoren Posse und Voss, die im Bilde gewesen
sein müssen, nicht mehr am Leben sind. In den Bergungsorten wird
alles unter dem Namen des Einlieferers verwahrt gewesen, mehr aber
nicht vermerkt worden sein.

Es läßt sich unschwer denken, was allein dadurch für die Stadt verloren
ist, daß sie den von Hitler erwähnten Ausbau der Galerie nicht hat
erhalten können. Hitler wollte – ganz anders als sonst üblich – in Linz
die Werke sich präsentieren lassen.

Das private Testament trägt neben der Signatur Adolf Hitlers die
Unterschriften von Reichsminister Dr. Joseph Goebbels, Reichsleiter
Martin Bormann und Oberst Nicolaus von Below, während das
politische Testament von Dr. Joseph Goebbels, Martin Bormann und
Hans Krebs abgezeichnet ist.

DER SEKRETÄR DES FÜHRERS.
REICHSLEITER MARTIN BORMANN

FÜHRERHAUPTQUARTIER **29.4.45**
ANSCHRIFT FÜR POSTSENDUNGEN
MÜNCHEN 33, FÜHRERBAU

Lieber Großadmiral!

Da wegen des Festbleibens aller Divisionen unsere Lage hoffnungslos erscheint, diktierte der Führer in der vergangenen Nacht das anl. politische Testament.

Heil Hitler!

Ihr

[Unterschrift]

ADOLF HITLER

Mein politisches Testament.

Seit ich 1914 als Freiwilliger meine
bescheidene Kraft im ersten, dem Reich aufge-
zwungenen Weltkrieg einsetzte, sind nunmehr
über dreissig Jahre vergangen.

In diesen drei Jahrzehnten haben mich
bei all meinen Denken, Handeln und Leben nur
die Liebe und Treue zu meinem Volk bewegt. Sie
gaben mir die Kraft, schwerste Entschlüsse zu
fassen, wie sie bisher noch keinem Sterblichen
gestellt worden sind. Ich habe meine Zeit, meine Arbeitskraft und meine Gesundheit in diesen
drei Jahrzehnten verbraucht.

Es ist unwahr, dass ich oder irgend-
jemand anderer in Deutschland den Krieg im Jahre

1939 gewollt haben. Er wurde gewollt und ange-
stiftet ausschliesslich von jenen internationalen
Staatsmännern, die entweder jüdischer Herkunft
waren oder für jüdische Interessen arbeiteten.
Ich habe zuviele Angebote zur Rüstungsbeschrän-
kung und Rüstungsbegrenzung gemacht, die die
Nachwelt nicht auf alle Ewigkeiten wegzuleugnen
vermag, als dass die Verantwortung für den Ausbruch dieses Krieges auf mir lasten könnte. Ich
habe weiter nie gewollt, dass nach dem ersten
unseligen Weltkrieg ein zweiter gegen England
oder gar gegen Amerika entsteht. Es werden Jahrhunderte vergehen, aber aus den Ruinen unserer
Städte und Kunstdenkmäler wird sich der Hass gegen das, letzten Endes verantwortliche Volk immer wieder erneuern, dem wir das alles zu verdanken haben: Dem internationalen Judentum und seinen
Helfern!

Ich habe noch drei Tage vor Ausbruch des
deutsch-polnischen Krieges dem britischen Bot-
schafter in Berlin eine Lösung der deutsch-polnischen Probleme vorgeschlagen - ähnlich der in
Falle des Saargebietes unter internationaler
Kontrolle. Auch dieses Angebot kann nicht weg-
geleugnet werden. Es wurde nur

verworfen, weil die massgebenden Kreise der englischen Politik den Krieg wünschten, teils der
erhofften Geschäfte wegen, teils getrieben durch
eine, vom internationalen Judentum veranstaltete
Propaganda.

Ich habe aber auch keinen Zweifel darüber
gelassen, dass, wenn die Völker Europas wieder
nur als Aktienpakete dieser internationalen Geld-
und Finanzverschwörer angesehen werden, dann auch
jenes Volk mit zur Verantwortung gezogen werden
wird, das der eigentlich Schuldige an diesem mör-
derischen Ringen ist: Das Judentum! Ich habe weiter keinen darüber im Unklaren gelassen, dass dieses Mal nicht nur Millionen Kinder von Europäern
der arischen Völker verhungern werden, nicht nur
Millionen erwachsener Männer den Tod erleiden und
nicht nur Hunderttausende an Frauen und Kindern
in den Städten verbrannt und zu Tode bombardiert
werden dürften, ohne dass der eigentlich Schuldige, wenn auch durch humanere Mittel, seine Schuld
zu büssen hat.

Nach einem sechsjährigen Kampf, der einst
in die Geschichte trotz aller Rückschläge als ruhm-

...schalten, der eigene Widerstand aber durch ebenso verblendete wie charakterlose Subjekte allmählich entwertet – 4 –, möchte ich mein Schicksal mit jenem teilen, das Millionen

vollste und tapferste Bekundung des Lebenswillens eines Volkes eingehen wird, kann ich mich nicht von der Stadt trennen, die die Hauptstadt dieses Reiches ist. Da die Kräfte zu gering sind, um dem feindlichen Ansturm gerade an dieser Stelle noch länger standzuhalten, der eigene Widerstand aber durch ebenso verblendete wie charakterlose Subjekte allmählich entwertet wird, möchte ich mein Schicksal mit jenem teilen, das Millionen anderer auch auf sich genommen haben, indem ich in dieser Stadt bleibe. Ausserdem will ich nicht Feinden in die Hände fallen, die zur Erlustigung ihrer verhetzten Massen ein neues, von Juden arrangiertes Schauspiel benötigen.

Ich hatte mich daher entschlossen, in Berlin zu bleiben und dort aus freien Stücken in dem Augenblick den Tod zu wählen, in dem ich glaube, dass der Sitz des Führers und Kanzlers selbst nicht mehr gehalten werden kann. Ich sterbe mit freudigem Herzen angesichts der mir bewussten unermesslichen Taten und Leistungen unserer Soldaten an der Front, unserer Frauen zuhause, den Leistungen unserer Bauern und Arbeiter und dem in der Geschichte einmaligen Einsatz unserer Jugend, die meinen Namen trägt.

Dass ich ihnen allen meinen aus tiefsten
Herzen kommenden Dank ausspreche, ist ebenso
selbstverständlich wie mein Wunsch, dass sie
deshalb den Kampf unter keinen Umständen aufgeben
mögen, sondern, ganz gleich wo immer, ihn gegen
die Feinde des Vaterlandes weiterführen, getreu
den Bekenntnissen eines grossen Clausewitz. Aus
dem Opfer unserer Soldaten und aus meiner eigenen
Verbundenheit mit ihnen bis in den Tod, wird in
der deutschen Geschichte so oder so einmal wieder
der Samen aufgehen zur strahlenden Wiedergeburt
der nationalsozialistischen Bewegung und damit
zur Verwirklichung einer wahren Volksgemeinschaft.

Viele tapferste Männer und Frauen haben
sich entschlossen, ihr Leben bis zuletzt an das
meine zu binden. Ich habe sie gebeten und ihnen
endlich befohlen, dies nicht zu tun, sondern am
weiteren Kampf der Nation teilzunehmen. Die Führer
der Armeen, der Marine und der Luftwaffe bitte ich,
mit äussersten Mitteln den Widerstandsgeist unserer Soldaten im nationalsozialistischen Sinne zu
verstärken unter dem besonderen Hinweis darauf,
dass auch ich selbst, als der Gründer und Schöpfer
dieser Bewegung, den Tod dem feigen Absetzen oder
gar einer Kapitulation vorgezogen habe.

6

Möge es dereinst zum Ehrbegriff des
deutschen Offiziers gehören - so wie dies in
unserer Marine schon der Fall ist - dass die
Übergabe einer Landschaft oder einer Stadt
unmöglich ist und dass vor allem die Führer
hier mit leuchtenden Beispiel voranzugehen
haben in treuester Pflichterfüllung bis in den
Tod.

Zweiter Teil des politischen Testaments.

Ich stosse vor meinem Tode den früheren
Reichsmarschall Hermann G ö r i n g aus der
Partei aus und entziehe ihm alle Rechte, die sich
aus dem Erlass von 29. Juni 1941 sowie aus meiner Reichstagserklärung vom 1. September 1939
ergeben könnten. Ich ernenne an Stelle dessen
den Großadmiral D ö n i t z zum Reichspräsiden-
ten und Obersten Befehlshaber der Wehrmacht.

Ich stosse vor meinem Tode den früheren
Reichsführer-SS und Reichsminister des Innern,
Heinrich H i m m l e r aus der Partei sowie
aus allen Staatsämern aus. Ich ernenne an seiner Stelle den Gauleiter Karl H a n k e zum
Reichsführer-SS und Chef der deutschen Polizei
und den Gauleiter Paul G i e s l e r zum Reichsminister des Innern.

Göring und Himmler haben durch geheime Verhandlungen mit dem Feinde, die sie ohne mein Wissen und gegen meinen Willen abhielten, sowie durch
den Versuch, entgegen dem Gesetz, die Macht in

8

Staate an sich zu reissen, dem Lande und dem
gesamten Volk unabsehbaren Schaden zugefügt,
gänzlich abgesehen von der Treulosigkeit gegenüber
meiner Person.

Um dem deutschen Volk eine aus ehrenhaften
Männern zusammengesetzte Regierung zu geben, die
die Verpflichtung erfüllt, den Krieg mit allen
Mitteln weiter fortzusetzen, ernenne ich als
Führer der Nation folgende Mitglieder des neuen
Kabinetts:

Reichspräsident: D ö n i t z
Reichskanzler: Dr. G o e b b e l s
Parteiminister: B o r m a n n
Aussenminister: S e y ß - I n q u a r t
Innenminister: Gauleiter G i e s l e r
Kriegsminister: D ö n i t z
Oberbefehlshaber des Heeres: S c h ö r n e r
Oberbefehlshaber der Kriegsmarine: D ö n i t z
Oberbefehlshaber der Luftwaffe: G r e i m
Reichsführer-SS und Chef der Deutschen Polizei:
                    Gauleiter H a n k e
Wirtschaft: F u n k
Landwirtschaft: B a c k e
Justiz: T h i e r a c k
Kultus: Dr. S c h e e l

Propaganda: Dr. N a u m a n n
Finanzen: S c h w e r i n - C r o s s i g k
Arbeit: Dr. H u p f a u e r
Rüstung: S a u r
Leiter der Deutschen Arbeitsfront und Mitglied
des Reichskabinetts: Reichsminister Dr. L e y .

Obwohl sich eine Anzahl dieser Männer, wie
Martin Bormann, Dr. Goebbels usw. einschliesslich
ihrer Frauen, aus freien Willen zu mir gefunden
haben und unter keinen Umständen die Hauptstadt
des Reiches verlassen wollten, sondern bereit
waren, mit mir hier unterzugehen, muss ich sie
doch bitten, meiner Aufforderung zu gehorchen und
in diesem Falle das Interesse der Nation über ihr
eigenes Gefühl zu stellen. Sie werden mir durch
ihre Arbeit und ihre Treue als Gefährten nach dem
Tode ebenso nahestehen, wie ich hoffe, dass mein
Geist unter ihnen weilen und sie stets begleiten
wird. Mögen sie hart sein, aber niemals ungerecht,
mögen sie vor allem nie die Furcht zum Ratgeber
ihres Handelns erheben und die Ehre der Nation über
alles stellen, was es auf Erden gibt. Mögen sie sich
endlich dessen bewusst sein, dass unsere Aufgabe,
des Ausbaus eines nationalsozialistischen Staates
die Arbeit kommender Jahrhunderte darstellt, die

jeden einzelnen verpflichtet, immer dem gemeinsamen
Interesse zu dienen und seine eigenen Vorteile dem-
gegenüber zurückzustellen. Von allen Deutschen,
allen Nationalsozialisten, Männern und Frauen
und allen Soldaten der Wehrmacht verlange ich, daß
sie der neuen Regierung und ihren Präsidenten treu
und gehorsam sein werden bis in den Tod.

Vor allen verpflichte ich die Führung der
Nation und die Gefolgschaft zur peinlichen Ein-
haltung der Rassegesetze und zum unbarmherzigen
Widerstand gegen den Weltvergifter aller Völker,
das internationale Judentum.

Gegeben zu Berlin, den 29. April 1945, 4.00 Uhr.

Zum politischen Testament
vom 29. April 1945

Das am Tag seiner Rom-Reise, dem 2. Mai 1938 von Adolf Hitler zu Papier gebrachte Privattestament ist nicht in Kraft getreten; vielmehr ist es von einem zweiten Privattestament abgelöst worden, das Hitler wenige Stunden vor seinem Tode verfaßte. In der gleichen Stunde diktierte er sein politisches Testament.

Er konnte mit diesen letzten, der Nachwelt hinterlassenen Gedanken angesichts seines nahen Endes wohl keinerlei propagandistische Absichten und Ziele mehr verfolgen, vielmehr scheint er eine Bilanz seines Lebens zu ziehen. Er beginnt – wie in vielen früheren Reden und Ansprachen – mit den Ereignissen des Ersten Weltkrieges, welche offensichtlich eines seiner „Schlüsselerlebnisse" waren.

Zwei Dinge müssen in diesem Zusammenhang erwähnt werden:

Nämlich einmal der mit technischen Waffen – Gas, Panzer, Flugzeuge – mörderisch geführte Krieg und der Umstand, daß mit Kriegsausbruch 1914 die heute noch andauernde Schwächung Europas begann, wie dies schon seinerzeit neutrale Beobachter festgestellt hatten und zum anderen – als Folge des verlorenen Krieges – der Versailler Vertrag, der heute, von den Historikern unbestritten, nicht nur allen Rechtsmaximen, sondern auch den in den sog. Wilsonschen Punkten Punkten proklamierten Absichten widersprach.

Kein Historiker kann heute die Tatsache bestreiten, daß also auch der Versailler Vertrag einen entscheidenden Bezugspunkt für Adolf Hitlerr bildete.

Zwar hatten auch die Parteien der Weimarer Republik – wie die Sozialdemokraten – Forderungen nach einer Revision des Versailler Vertrages erhoben und insbesondere Erleichterungen und Zugeständnisse erbeten; bedeutende Veränderungen wie z. B. die Remilitarisierung des Rheinlandes, die Wiederherstellung der deutschen Wehrhoheit und die in den Verträgen von Saint-Germain verweigerte Verbindung Österreichs mit dem Deutschen Reich – also der sog. Anschluß Österreichs im Jahre 1938 – sind von der Regierung unter Adolf Hitler durchgesetzt worden.

Nach dem Italien-Besuch forcierte die Führung des Dritten Reiches die Bildung des Antikomintern-Paktes mit Japan und Italien.

Im September 1938 kam es zum sog. „Münchner Abkommen" mit England, Frankreich, Italien über die Rückgabe des Sudetenlandes an das Reich. Damals, in München, wurde festgestellt – und das gibt diesem Ereignis seinen dauernden historischen Rang –, daß Deutschland, England, Frankreich und Italien, ohne eine andere Macht befragen zu müssen, durch gemeinsamen Beschluß Versailles außer Kraft setzen und die europäischen Verhältnisse neu zu ordnen beginnen konnten.

Das Bedeutsame an jenen Stunden im Münchner Führerbau war einerseits, daß Hitler, Mussolini, Daladier und Chamberlain am runden Tisch zusammensaßen, und andererseits, daß weder Stalin noch der amerikanische Präsident an ihrer Besprechung und an ihren Beschlüssen teilnahmen!

Das ist der Punkt, an dem sich die Konferenz von München von den Konferenzen in Versailles und Jalta unterscheidet. Es war eine der wenigen rein europäischen Entscheidungen, die in diesem Jahrhundert getroffen wurden. Unmittelbar nach Abschluß des Münchner

Abkommens folgte Roosevelts berühmt-berüchtigte „Quarantäne-Rede", und in Großbritannien gewannen jene Kräfte an Gewicht, die unmißverständlich den Krieg gegen Deutschland propagierten. Die von ihnen bevorzugten Gesprächspartner waren jene Männer aus Deutschland, die nach England reisten, um dort zu erklären, sie würden Hitler stürzen, falls England nur hart bliebe.

Im Frühjahr 1939 folgten die Auflösung der Slowakei; die britische Polengarantie und die sog. „Mai-Krise". Diese beiden letzten Ereignisse machten deutlich, daß Hitler den Zenit seiner außenpolitischen Erfolge bereits überschritten hatte.

Gleich zu Beginn, im zweiten und dritten Absatz seines politischen Testaments schreibt er:
„... haben mich bei allem meinem Denken, Handeln und Leben nur die Liebe und Treue zu meinem Volk bewegt. Sie gaben mir die Kraft, schwerste Entschlüsse zu fassen, wie sie bisher noch keinem Sterblichen gestellt worden sind. Ich habe meine Zeit, meine Arbeitskraft, meine Gesundheit in diesen Jahrzehnten verbraucht ... Es ist unwahr, daß ich oder irgend jemand anderer in Deutschland den Krieg im Jahre 1939 gewollt habe ... Ich habe weiter nie gewollt, daß nach dem ersten unseligen Weltkrieg ein zweiter gegen England oder gar gegen Amerika entsteht ..."

Es ist zu fragen, ob diese Bemerkung im Testament dem wahren Wunsch und Willen Hitlers vor Kriegsausbruch oder nur eine später gefundene Einsicht wiedergibt. Eine endgültige Antwort kann heute wohl hierauf noch nicht gegeben werden; indessen sprechen gewisse Umstände dafür, daß Hitler keineswegs einen Weltkrieg wollte.

Nicht nur der Flottenvertrag, der eine Verständigung mit England erleichtern sollte und fraglos eine beachtliche deutsche Vorleistung war

– wie man sie heute mit dem Entgegenkommen des sog. Westens gegenüber der Sowjetunion vergleichen könnte –, sondern auch die Bemühungen um die Regelung der Korridorfrage und des Danziger Problems sprechen dafür, daß Hitler eine militärische Auseinandersetzung vermeiden wollte; eine andere Frage ist, ob diese geeignete Mittel hierzu waren.

Die sog. Achsenmächte haben sicherlich versucht, den polnischen Interessen einen nach ihrer Meinung gebührenden Ausgleich zu verschaffen, wollten aber auch die deutschen Interessen in angemessenem Maße berücksichtigt wissen. Das erklärte Interesse Polens lag in einem Zugang zur Ostsee und einem Seehafen, was von Polen für seine wirtschaftliche Entwicklung für unabdingbar gehalten wurde.

In gleicher Weise hielten aber auch die Achsenmächte eine Landverbindung zu dem durch den polnischen Korridor abgetrennten Ostpreußen für lebensnotwendig; das Deutsche Reich konnte auch die wirtschaftliche Erdrosselung der sog. „freien Stadt Danzig" nicht hinnehmen. Die deutsche Reichsregierung hat deshalb in dem fraglichen Gebiet eine Volksabstimmung unter internationaler Kontrolle vorgeschlagen, wobei – ähnlich wie im Saarland – die Bevölkerung selbst entscheiden sollte, welchem Staate – Polen oder Deutschland – sie anzugehören wünsche. Polen sollte, falls nach der Volksabstimmung der sog. Korridor an Deutschland fallen würde, den Seehafen Gdingen nebst einem zu diesem führenden und für die Anlage einer exterritorialen Eisen- und Autobahn geeigneten Geländestreifen erhalten, während im anderen Fall Deutschland eine gleiche Verbindung zu Ostpreußen zustehen sollte.

Der Vorschlag einer Volksabstimmung wurde von polnischer Seite abgelehnt, was nach der heutigen Akten- und Dokumentenkenntnis auch auf die britische, deutsche Aspirationen betreffende Garantie

zurückzuführen ist. Wenn Hitler sich im Jahre 1939 über die englische Haltung ebenso getäuscht hat wie im Jahre 1914 die kaiserliche Regierung, dann muß man die damaligen Vorschläge der Reichsregierung als Versuch ansehen, kriegerische Verwicklungen zu vermeiden.

Hitler hoffte schließlich durch den Abschluß des „Ribbentrop-Molotow-Paktes" vom 26. August 1939 den Ring einer antideutschen Einkreisung noch einmal zu sprengen.

Hitler glaubte, wegen zunehmender polnischer Provokationen „zurückschießen" zu müssen; am 1. 9. 1939 gab er nach dem Scheitern aller Verhandlungen und vergeblicher Intervention von Mussolini den Befehl zu militärischen Maßnahmen, die nach seinen damaligen Erklärungen dem Schutze der nach dem Versailler Vertrag unter polnische Herrschaft gelangten Deutschen dienen sollten; er vermied damals den Begriff „Kriegserklärung".

Die Kriegserklärungen Englands und Frankreichs folgten. Zum zweiten Mal gingen dadurch in diesem Jahrhundert in Europa die Lichter aus.

Das Vorgehen von England und Frankreich hat Hitler – wie wir heute wissen – überrascht, obwohl Außenminister Joachim von Ribbentrop immer wieder eindringlich die britische Haltung mit den Worten „sie werden kämpfen" umrissen hatte. Und die englische Position war in der Polenfrage zwiespältig. Während man den Deutschen wegen des Einfalls nach Polen den Krieg erklärte, ließ man zwei Wochen später die Russen, die in Ostpolen einmarschierten, unbehelligt.

Die Deutsche Wehrmacht gewann nach dem Blitzkrieg gegen Polen, dem berühmten Narvik-Abenteuer und der raschen Beendigung des Frankreich-Feldzuges den Mythos des Unbesiegbaren. Schon die Luftschlacht um England zeigte jedoch die Grenzen der deutschen Stärke. Im Balkan-Feldzug mußte Deutschland Italien zu Hilfe eilen; in Afrika stand Rommel vor den Toren Kairos.

Hitler hatte seit Kriegsausbruch den Briten immer wieder Friedensangebote gemacht; auch noch nach der Besetzung Frankreichs. Heß' Friedensflug blieb ebenfalls erfolglos. Die britische Regierung unter Chamberlain und Churchill ist zu keinem Zeitpunkt auf Hitlers Friedensangebote eingegangen, sondern sie verließ sich stattdessen auf die Zusage der Amerikaner, sich gegen Deutschland zu engagieren, obwohl sowohl in England als auch in den Vereinigten Staaten die Bevölkerung nicht für einen Krieg gegen Deutschland war. Antideutsche Propaganda, angebliche Welteroberungspläne Adolf Hitlers und schließlich die Parolen des Hasses mußten aufgeboten werden, um die Völker zum Krieg gegen Deutschland zu gewinnen.

In den ersten Jahren nach der englischen Kriegserklärung, besonders 1941 und 1942, war Hitler zweifellos der mächtigste Mann Europas. Er herrschte über 330 Millionen Menschen, vom Nordkap bis Kreta, und vom Atlantik bis vor die Tore Moskaus; erst nach Stalingrad begann Hitlers Stern zu sinken. Zu diesem Zeitpunkt freilich – und das wissen wir heute aufgrund immer neuer Erkenntnisse – waren die Aussichten für eine erfolgreiche Beendigung des Krieges nicht nur durch die materiellen und personellen Opfer, sondern auch durch zahlreiche Landesverratshandlungen geschwunden; Verrat und schließlich das Attentat vom 20. Juli 1944 hatten Hitler verbittert.

*

Den Zusammenbruch des von ihm geschaffenen Drittes Reiches vor Augen, am Ende seiner physischen, aber im Vollbesitz seiner geistigen Kräfte, diktierte Hitler sein privates und politisches Testament unter dem Dröhnen sowjetischer Geschützsalven seiner Sekretärin Traudel Junge, nicht wissend, ob er die nächste Stunde noch erleben würde.

So kann der für unser Sprachgefühl heute überspitzt heroische Sprachstil des Testamentes erklärt werden; es ist in diesen letzten Niederschriften nicht mehr jedes Wort abgewogen, auch fehlt die in seinen Reden übliche Begründung für sein Handeln, was wohl auf die Dramatik der Stunde zurückzuführen ist.

Genau zwölf Jahre zuvor hatte er – noch in den Räumen der alten Reichskanzlei – seinen Sekretärinnen die Rede zum 1. Mai 1933 diktiert. Damals, wenige Monate nach der Machtergreifung, versprach er dem deutschen Volk Wiederaufstieg, Beendigung der riesenhaften Arbeitslosigkeit, das Ende der Knechtschaft von Versailles. Nun, am 29. April 1945, mußte Hitler erkennen, daß er nicht mehr in der Lage war, seine Vorstellungen zu verwirklichen.

Auch in dem Testament kehrt die stets in Reden und Veröffentlichungen geäußerte Vorstellung von einer Art „Weltverschwörung", einer internationalen Verschwörung von „Judentum und Kapital" wieder, die nach seiner Vorstellung das Ziel der Vernichtung Deutschlands haben soll. Diese – nach der heutigen Ansicht falschen – Vorstellungen sind subjektiv und weltfremd vereinfachend; indessen ist Hitler keineswegs der Schöpfer solcher Vorstellungen und auch nicht deren einziger Vertreter; diese Vorstellungen sind viel älter und auch nicht erst durch die Sage von den „Weisen von Zion" hervorgebracht; sie mögen allerdings durch gewisse geschichtliche Ereignisse und Personen verstärkt worden sein, die nach Ansicht Hitlers zum Ausbruch des Ersten und später auch des Zweiten Weltkrieges geführt haben, nachdem mit diesen

Ereignissen die Namen von erklärten Deutschenhassern in Petersburg, Moskau, London oder Washington verbunden sind, wie z. B. Ilja Ehrenburg, Litwinow, Iswolsky, Grey, Northcliffe, Vansittart, Churchill, Henry Morgenthau jr., F. D. Roosevelt, Morgan oder Baruch. Diese Fehlvorstellungen der damaligen Zeit scheinen heute im Zusammenhang mit den nach den Affairen um Prinz Bernhard der Niederlande in der Öffentlichkeit besprochenen sog. „Bilderbergern" wieder aufzutauchen, weshalb die Bemerkung angebracht erscheint, daß solche und andere Fehlvorstellungen weder bei der Betrachtung der Geschichte, noch bei der der Gegenwart nützlich sind. Sollte sich – was man manchmal bezweifeln könnte – der europäische Geist vom Hexenwahn des Mittelalters entfernt haben, so ist es ihm heute auch verwehrt, andere Wahnvorstellungen zu pflegen.

Für die Annahme aber, daß Hitler sich entgegen seinen vorangegangenen Aussagen nun in einem letzten, für die Nachwelt bestimmten Wort zu physischer, als einer Art Blutrache von seiten des Reiches verübten Vernichtung bekannt habe, dafür spricht nichts!

Mag es auch auf viele Fragen, die mit diesem Problemkreis zusammenhängen, keine Antworten mehr geben, so muß doch unabhängig davon festgestellt sein, was sich für uns aus Adolf Hitlers letztem Wort ergibt: auf ihn wird sich keiner von denen berufen können, die vielleicht glauben, der Lösung der Judenfrage als eines alle Völker angehenden Weltproblems auf dem Wege einer physischen Auslöschung jüdischen Eigenlebens näher zu kommen.

*

Hitlers noch lebende Sekretärinnen berichten, daß sie nach dem 56. Geburtstag, am 20. April 1945, nach Süddeutschland geschickt worden waren. Der Mann, dem auch in diesem Augenblick noch so gut wie alle politischen und militärischen Führer im noch nicht besetzten Teil Deutschlands gehorchten, wollte sein Ende im Kreise ganz weniger

Mitarbeiter vorbereiten. Nachdem gegen seinen Willen seine lang-
jährige Freundin, Eva Braun, die 25 Jahre jünger war als er, nach Berlin
gekommen war, beschloß er, sie zu heiraten. Sich und ihr wollte er
aber das Schicksal des italienischen Duce, Benito Mussolini, ersparen,
in aller Öffentlichkeit erschossen, aufgehängt und geschändet zu
werden. Darum befahl er, seinen Leichnam und den seiner Frau nach
dem Freitod „bis zu Staub" zu verbrennen. Hitler hoffte, bedingt auch
durch den Tod des amerikanischen Präsidenten F. D. Roosevelt, durch
sein Ausharren in Berlin in letzter Minute dem Schicksal eine Wende
abtrotzen zu können. Nicht ohne Grund glaubte man noch im ein-
geschlossenen Berlin, die auf politischer Ebene brüchig werdende Front
zwischen den Westmächten und der Sowjetunion könnte vielleicht
doch noch auseinanderklaffen. Drei Monate nach Hitlers Tod, auf der
Potsdamer Konferenz im Sommer 1945, wurde das Auseinander-
streben der ungleichen Alliierten aktenkundig. Für Deutschland war es
freilich zu spät. Doch noch ein anderer Grund hatte Hitler bewogen,
in Berlin auszuharren. Dieser Entschluß war schon gleich nach Beginn
des russischen Angriffs an der Oder gefallen. Später, als die Stadt
schon längst eingeschlossen war, und Feldmarschall Ferdinand Schörner
aus Prag noch einmal nach Berlin flog in der Absicht, Hitler heraus-
zuholen, wurde er zwar herzlich empfangen, stieß aber auf unüber-
windlichen Widerstand: „Ich habe eine Hauptstadt – Wien – verloren,
ich kann nicht auch noch Berlin verlieren."

Zehn Tage, nachdem Adolf Hitler am 29. April 1945 um 4.00 Uhr morgens
im Licht seines Bunkers unter der Berliner Reichskanzlei seine
Unterschrift unter seinen letzten Willen gesetzt hatte, war das Dritte
Reich mit allen von Hitler geschaffenen politischen und militärischen
Organisationen untergegangen. In den kommenden Monaten und
Jahren sollten Millionen von Deutschen und Angehörigen anderer
Völker leugnen, jemals Anhänger Hitlers gewesen zu sein. Daß das
private und politische Testament vom 29. April 1945 mit Martin

Bormanns Handschreiben an Großadmiral Dönitz in die Hand des Westens gelangt ist, verdankt man der Tatsache, daß der Ordonnanz-offizier des Reichsleiters, der mit den Urkunden sich nach dem Westen hatte durchschlagen können, Ende 1945 in ein amerikanisches Lager überführt, der Besatzungsmacht die Papiere übergeben hat. Seinen Auftrag, diese Papiere Dönitz zu überbringen, hatte er nicht mehr aus-führen können. Der Großadmiral hat diese Testamente erst Jahre später kennengelernt.

Das Testament zeigt aber auch, nicht nur in seinem Appell an das künftige Verhalten der Deutschen, daß sich Hitler (wohl auch durch das Wirken Bormanns) wirklichkeitsfremde Vorstellungen gebildet hatte, wenn er meint, die von ihm berufene Regierung könnte nach seinem Tode Bestand haben und gar jenem imaginären „internationalen Judentum" Widerstand leisten.

✳

Erst heute, über drei Jahrzehnte nach seinen Tod, beginnt sich, vom Ausland ausgehend, ein Wandel des Hitler-Bildes zu vollziehen.

Hitler hebt in seinem Testament den Mut und die Kraft hervor, mit welcher das deutsche Volk die Entbehrungen des Krieges und seine Lasten im Laufe von sechs Jahren ertragen hat und sieht dies auch als Ausdruck des Lebenswillens des Volkes; er deutet auch die aussichts-lose Lage der Reichshauptstadt Berlin an, welche damals von den Truppen der UdSSR bedrängt und fast völlig eingeschlossen war. Diese Würdigung lenkt den Blick darauf hin, daß er

1. nach dem Erlebnis des Ersten Weltkrieges und seines Endes die gefähr-liche Bruchstelle unserer Zivilisation, nämlich das Auseinanderklaffen von Führungsschicht und organisierter Arbeitermasse nicht nur erkannt (was wohl auch andere getan haben), sondern in Deutschland auch wirklich zu beseitigen gewußt hat,

2. daß er als erster und bis heute einziger europäischer Staatsmann die unmittelbare Gefahr erkannt hat, welche sich aus dem bolschewistischen, auf die Rüstung ausgerichteten Staatssystem der Sowjetunion für alle nach lockeren Wirtschaftssystemen arbeitenden anderen Staaten rein militärisch ergibt und daß

3. die Zukunft der europäischen Bevölkerung letzten Endes von der biologischen Kraft abhängt, die sich in diesem Raum bildet.

An diesen Tatsachen kann ein objektiver Historiker nicht vorbeigehen, selbst wenn er Hitler als militärischen Dilettanten abtut, weil er in der Defensive weniger überzeugend geführt habe, als in der Zeit der Offensive ... und das Scheitern der zu optimistisch auf eine englische Toleranz ausgerichteten Diplomatie sowie die Verstrickung in den Circulus vitiosus der Judenfrage hervorhebt.

*

Ein einstimmiges Urteil über Hitler wird es wohl auch in kommenden Jahrzehnten nicht geben, wenngleich sich die Nachwelt sicherlich unentwegt mit seiner Erscheinung befassen wird. Heute spannt sich der Bogen von der Qualifikation „Teufel in Menschengestalt" bis zum messianischen Gegenteil, wie es der norwegische Dichter Knut Hamsun am 7. Mai 1945 in der Zeitung „Aftenposten" bekannte: „Ich bin es nicht wert, von Adolf Hitler laut zu sprechen und sein Leben und Tun lädt auch nicht zu sentimentaler Regung ein. Er war ein Krieger, ein Krieger für die Menschheit und ein Verkünder des Evangeliums vom Recht für alle Völker. Er war eine reformatorische Gestalt vom höchsten Rang, und sein historisches Schicksal war es, in einer Zeit beispielloser Roheit wirken zu müssen, der er schließlich zum Opfer fiel. So darf

jeder Westeuropäer Adolf Hitler sehen, wir jedoch, seine Anhänger verneigen unser Haupt vor seinem Tod."

So wecken die Urteile der Gegner und der Anhänger in demjenigen, der weder das eine noch das andere ist, die Forderung nach Auflösung des sich aus diesen ergebenden Widerspruchs; erst mit der Auflösung dieses Widerspruchs wird die Polemik und die Diskussion um die für einen Historiker nicht übersehbare geschichtliche Erscheinung beendet sein. Heute noch stößt man fast täglich auf den Namen Adolf Hitler, sei es in der Publizistik, sei es im politischen oder persönlichen Gespräch mit anderen; erst wenn diese widersprüchlichen Urteile ihre Auflösung gefunden haben werden, wird auch der Name Adolf Hitler den Alltag nicht mehr prägen. Nur eine sorgfältige Feststellung der historischen Tatsachen und eine objektive kritische Würdigung der bisher bekannten Urteile kann dazu beitragen, unvereinbare Widersprüche zu beseitigen.